PETITES HISTOIRES DE

LUTINS, ELFES

ET AUTRES CRÉATURES MAGIQUES

Tana
éditions

ISBN : 978-2-84567-648-0
Dépôt légal : mars 2011
Achevé d'imprimé en mars 2011

www.tana.fr

PETITES HISTOIRES DE LUTINS, ELFES ET AUTRES CRÉATURES MAGIQUES

Tana
éditions

SOMMAIRE

Les Goguelins d'Omer Grosbois

Tous dans le **VILLAGE** dévoraient des yeux la femme d'Omer Grosbois, Marie-Blanchette, tant elle était belle et attirante. Le grand Pippelard, qui avait quelque accointance avec le **DIABLE,** ne cessait de penser à elle. C'est ainsi que, avec l'aide du diable, il envoya dans l'étable d'Omer une armée de petits êtres maléfiques, aux mains et aux pieds griffus, des goguelins, chargés de persécuter le bétail.

Ce fut alors un colossal **TOHU-BOHU,** puis la panique fut complète lorsque les goguelins libérèrent chevaux, vaches et **MOUTONS.** Ignorant que Pippelard était responsable de leurs misères, Omer et sa femme l'appelèrent à leur secours : « Il faut que j'exorcise, dit le traître à Omer, mais, pour cela, j'ai besoin de ta femme. » Pippelard emmena Marie-Blanchette dans l'étable.

L'on ne sait comment se déroula le rituel, mais, une heure plus tard, quand Marie-Blanchette sortit de l'étable, le sourire aux lèvres et un peu de foin dans les cheveux, tout était rentré dans l'ordre. Un bonheur n'arrivant jamais seul, après neuf mois, elle donnait à Omer un beau et gros **BÉBÉ,** ce qui le combla, car, jusqu'alors, elle n'avait pas réussi à tomber enceinte. Choisi comme parrain, Pippelard témoigna à son filleul un amour tout paternel !

L'Elfe des roses

Un elfe habitait dans la plus belle de toutes les **ROSES.** Il était si petit qu'aucun œil ne pouvait le voir. Un jour qu'il s'était amusé, au soleil, à voler de fleur en fleur, il rentra si tard que les doux pétales de sa rose s'étaient refermés.

Il trouva alors **REFUGE** dans un pavillon, où une ravissante jeune fille pleurait : son frère, hostile à son bel amoureux, avait fini par le tuer. Pris de pitié, l'elfe se glissa dans son oreille pour l'aider à retrouver le corps du malheureux, et, ensemble, ils rapportèrent sa tête, que l'éplorée plaça dans un pot où elle planta un jasmin. Jour après jour, ses larmes tombaient sur le **JASMIN,** et, plus le jasmin prospérait, plus elle pâlissait, jusqu'à ce que, une nuit, elle s'éteignît, rejoignant pour toujours son aimé.

Alors, le petit elfe raconta cette tragédie aux elfes qu'abritait chaque pétale du jasmin. Frappés par l'horrible sort des **AMOUREUX,** ils décidèrent, pour les venger, d'enfoncer leur petit dard empoisonné dans la langue du méchant frère endormi... qui mourut brutalement. Prenez garde, derrière chaque pétale de fleur se cache un elfe qui punit les **MÉCHANTS** et les cruels.

La Funeste Invention du méchant troll

Un horrible **TROLL** était de fort bonne humeur le jour où il parvint à fabriquer le pire miroir qui soit : en s'y réfléchissant, le **BEAU** et le bon disparaissaient, tandis que le laid et le mauvais grossissaient et empiraient.

Les visages devenaient repoussants ; les paysages, **LAIDS** et les gens, méchants. Ravis de cette invention calamiteuse d'un de leurs confrères, les méchants trolls promenaient le **MIROIR** de pays en pays, et il n'y avait plus rien sur terre qui ne fût déformé ou enlaidi. Jusqu'au jour où ils voulurent le hisser jusqu'aux cieux pour se moquer de **DIEU** et de ses anges : à mesure que le miroir montait, il s'agitait et grimaçait de plus en plus, jusqu'au moment où les trolls ne réussirent plus à le contenir et le lâchèrent.

Brisé en milliards de minuscules morceaux, il pénétrait dans les yeux et même dans le cœur des gens, déformant leurs perceptions et leurs sentiments : le bon était changé en mal, et le beau, en laid. Dans ce monde cul par-dessus tête, une seule créature se réjouissait : le sombre troll inventeur du miroir, qui n'était autre que... le **DIABLE** !

La Belle au bois dormant

Vexée de n'avoir pas été invitée à la fête qu'avaient organisée un **ROI** et une reine pour la naissance de leur fille, une des fées du royaume se pencha sur le berceau de l'enfant et lança un **SORT** à la petite : à l'âge de quinze ans, elle mourrait de la piqûre d'un fuseau.

Heureusement, une fée bienveillante modéra cette malédiction : la princesse ne mourrait pas, mais s'endormirait pour **CENT ANS.** Comme la méchante fée l'avait prédit, le jour de ses quinze ans, la jeune fille se piqua avec le fuseau que maniait une femme vieille et laide réfugiée dans une tour du château. Elle tomba alors dans un profond **SOMMEIL,** et, avec elle, le château et tous ses habitants : le roi et la reine, les serviteurs, les marmitons, **LES CHEVAUX,** les chiens, les pigeons, les mouches...

Le temps passait, et tous ceux qui tentaient de s'approcher du château échouaient... Il fallut attendre cent ans pour qu'un prince qui passait par là réussisse à y entrer. Quand il vit la Belle endormie, il la trouva si jolie qu'il lui donna un **BAISER.** Alors, elle ouvrit les yeux et lui sourit, tandis que le roi, la reine et toute la cour s'éveillaient, et, avec eux, les animaux. Le mariage fut fastueux, et ils vécurent heureux jusqu'à leur mort.

Le Sylphe et la Princesse

Comme tous les sylphes, Sylvain, à peine plus haut qu'un **POUCE,** vivait dans son arbre : en échange des soins qu'il lui prodiguait, **L'ARBRE** lui fournissait des feuilles pour se vêtir et de la sève pour se nourrir. Mais, un jour, Pierrot, le jeune apprenti inexpérimenté de Gus, un bûcheron, coupa l'arbre, ce qui mit en péril la vie de Sylvain.

Attendris, Gus et sa femme, Pernette, le chérirent comme leur propre fils. Sylvain prenait le soleil sur le rebord de la fenêtre quand Mathilde, la fille du roi, passa par là et le trouva si **CHARMANT** que son père leur proposa de l'acheter dix mille ducats. Gus et Pernette finirent par accepter, et Sylvain devint le **JOUET** préféré de Mathilde... jusqu'à ce qu'elle s'en lasse : « Je suis trop grande, et tu es trop petit, répétait-elle. Ah ! si seulement nous étions de la même taille, comme nous nous amuserions ! » Sylvain eut alors une idée géniale : vêtu d'un **COSTUME** de feuilles semblable au sien, Pierrot entrerait, une nuit, dans la chambre de Mathilde et se ferait passer pour lui.

Et, quand elle l'aperçut dans sa chambre, Mathilde fut vite charmée, et elle crut Pierrot lorsqu'il affirma qu'il n'était autre que Sylvain. Ils tombèrent amoureux l'un de l'autre, se marièrent, tandis que, dans leur chère **FORÊT,** Sylvain et ses parents adoptifs vivaient heureux !

Peau d'ours

Quand, poursuivi par un ours, le **DIABLE** surgit sous la forme d'un bel homme vêtu d'un habit vert, mais pourvu d'un pied de cheval, un vaillant soldat terrassa l'animal d'un coup de fusil.

Reconnaissant, le diable lui promit longue vie et **RICHESSE,** à condition qu'il passe sept années sans se laver ni se peigner, vêtu de l'habit vert recouvert de la peau de l'**OURS :** toutes les fois où il glisserait sa main dans la poche de l'habit, il en tirerait une poignée d'or.

Peau d'ours devint si repoussant que, malgré sa richesse, tous le fuyaient, à l'exception d'un vieillard sans le sou à qui il donna de l'argent et qui, touché par sa générosité, lui offrit une de ses filles en **MARIAGE.** En dépit des ricanements de ses deux sœurs, la cadette accepta de l'épouser. Peau d'ours lui confia la moitié d'une bague et lui demanda de l'attendre.

Au bout des sept années, le diable tint parole, et Peau d'ours, lavé, coiffé, vêtu d'un habit somptueux et monté sur un magnifique destrier, se rendit chez sa fiancée, qui l'attendait. Dédaignant les deux aînées, il tendit à la jeune fille un gobelet au fond duquel elle reconnut l'autre moitié de la **BAGUE.**

De colère et de dépit, l'une des deux sœurs se pendit, et l'autre se jeta dans le puits. Heureux, le diable frappa alors à la porte : au lieu d'une seule âme, il en avait ainsi obtenu deux !

Le Lièvre de mer

Du haut de sa tour pourvue de douze fenêtres **MAGIQUES,** qui lui permettaient de voir très précisément ce qui se passait dans son **ROYAUME,** la reine avait promis son cœur à celui qui pourrait se cacher sans qu'elle le retrouve. Déjà, quatre-vingt-dix-neuf prétendants avaient en vain tenté leur chance, et leurs têtes, tranchées, plantées au bout de piques, ornaient la cour du château.

Un beau jeune homme obtint pourtant trois chances. Parti à la chasse pour réfléchir à la façon dont il s'y prendrait, il épargna la vie d'un corbeau, d'un **POISSON** et d'un renard, qui lui promirent, pour le remercier, leur aide. Il se cacha alors dans un œuf couvé par le corbeau, puis dans le ventre du poisson réfugié au plus profond du lac, mais la reine le repéra.

Restait le **RENARD,** qui le conduisit dans une source magique : quand ils en ressortirent, le renard était un marchand de bestiaux, et le garçon, un lièvre de mer, créature si **ÉTRANGE** qu'elle attira les foules, et jusqu'à la reine, qui l'acheta. Caché dans le lit de la reine, le lièvre-garçon restait introuvable, ce qui énerva tellement la reine qu'elle brisa la douzième fenêtre.

Le garçon s'échappa et se précipita dans la source pour retrouver sa véritable apparence, et il se fit épouser par la reine, médusée, à qui il ne dévoila jamais son secret !

Les Colères d'Encelade

Pour pouvoir régner sans partage sur le vaste monde, **ZEUS,** le maître des dieux de l'Olympe, avait réprimé la révolte des Titans, qui, avant lui, dominaient le monde. C'était sans compter sur les **GÉANTS,** qui vinrent des entrailles de la Terre pour venger leurs frères, les Titans.

Réputés invincibles et doués d'une force extraordinaire, ces colosses au corps de serpent bouleversèrent bientôt montagnes, pics et rochers, se lançant dans une terrible **BATAILLE** contre les dieux, menés par le grand Héraclès. Les Géants semblaient prendre l'avantage, lorsque Héraclès les précipita dans la mer à coups d'énormes rochers, tandis que Zeus les brûlait avec la **FOUDRE.**

Et bientôt ne restèrent plus que deux Géants : Pallas, que la fille de Zeus, Athéna, transperça d'un coup de lance, et, surtout, le terrible Encelade, qui jetait sur elle d'impressionnants morceaux de montagne. Athéna le fit alors tomber dans la mer et jeta la Sicile sur lui pour l'ensevelir à jamais dans les profondeurs.

Depuis, toutes les fois qu'Encelade se réveille en **COLÈRE** et frappe le fond marin de toutes ses forces, le volcan de la Sicile, l'Etna, crache des torrents de **FEU** et de lave...

Le Briquet magique

Une horrible **SORCIÈRE** demanda à un jeune soldat d'aller récupérer pour elle un briquet magique au fond d'un puits : là, il pourrait ramasser autant de pièces d'or, d'argent et de bronze qu'il le voudrait, à condition d'amadouer les trois **CHIENS** qui montaient la garde. Ce qu'il fit, mais il garda le briquet après avoir tranché la tête de la sorcière parce qu'elle n'avait pas voulu lui confier son secret.

Quand il eut dilapidé toute sa fortune, ne lui restait que ce vieux **BRIQUET,** qu'il actionna un jour sans même y penser. Et, là, miracle, tout ce qu'il désirait apparaissait. De l'argent, et, surtout, une ravissante **PRINCESSE,** dont il finit par tomber éperdument amoureux.

Quand le roi et la reine apprirent que leur fille allait le rejoindre chaque nuit, ils le condamnèrent à être pendu sur-le-champ. Ayant obtenu de fumer une dernière pipe, il actionna son briquet : alors, les trois chiens surgirent du puits en renversant la foule. Émerveillés par ce **PRODIGE,** le roi et la reine acceptèrent que la princesse épousât le petit soldat, qui, ainsi, devint roi.

Le Troll au bonnet vert

Un petit berger du nom d'Igmar travaillait dur contre à peine quelques sous. Une nuit qu'il gardait ses **MOUTONS,** il vit une **SORCIÈRE** sortir d'un puits. Il descendit dans le puits et ouvrit par hasard un livre recouvert de cuir, d'où jaillit Pump, un troll à la barbe blanche coiffé d'un immense bonnet vert : « Que désires-tu, maître ? Commande, j'obéirai. » Dès lors, grâce au troll et au livre, il mena une vie confortable.

Quand il eut vingt ans et qu'il voulut se marier, il entendit parler d'une ravissante princesse, qui était enfermée dans la tour d'un **CHÂTEAU** sous la garde féroce d'une nourrice, car on lui avait prédit qu'elle épouserait un pauvre berger. Igmar demanda alors à Pump de la faire venir à lui la nuit, mais la nourrice découvrit les escapades de sa princesse, et elle alerta le roi, qui fit arrêter Igmar et enfermer sa fille : elle n'avait qu'à tromper son ennui en lisant, lui dit-il tout en lui donnant… le livre **MAGIQUE.**

Au moment où l'on passait la corde au cou de son cher Igmar, elle s'évanouit et fit tomber le livre, qui s'ouvrit : « Que désires-tu, maîtresse ? – Sauve le condamné », répondit-elle. Igmar se volatilisa, et le roi mourut. La princesse lui succéda et épousa Igmar. Tous deux gouvernèrent avec sagesse, tandis que le **TROLL** put retourner à son éternel sommeil entre les pages du livre.

La Fille du korrigan

Quand un **KORRIGAN** vit Perline, le si joli bébé du roi et de la reine, il l'échangea en secret contre sa propre fille, **LAIDE.** Le roi et la reine eurent beau consulter mages, savants et druides lorsqu'ils découvrirent ce vilain avorton tout ridé, ce fut en vain. Ils décidèrent alors d'en prendre leur parti et satisfaisaient les moindres caprices de la fausse Perline.

Rebaptisée Kivik, la véritable Perline faisait horreur à sa nouvelle mère – elle était beaucoup trop jolie et **GENTILLE** –, et elle séduisit, bien malgré elle, le roi des korrigans, vieux, laid et colérique. La fausse Perline, elle, tomba amoureuse d'Aimable, un **PRINCE** qui portait bien son nom et qui était incapable de repousser ses avances....

Tristes et malheureux, Kivik et Aimable se réfugiaient souvent dans la forêt, chacun de son côté, jusqu'au jour où ils finirent par se rencontrer et tomber follement amoureux l'un de l'autre. Un jour qu'ils s'embrassaient, ils furent surpris par la fausse Perline, qui hurla si fort que les **PARENTS** korrigans accoururent.

Quand la mère korrigan se jeta dans les bras de sa fille, la fausse Perline, le roi et la reine comprirent la supercherie : le père korrigan fut jeté en **PRISON,** Kivik épousa Aimable, et le roi des korrigans, dépité, n'eut plus qu'à épouser la fausse et disgracieuse Perline !

Jorinde et Joringel

La reine des sorcières, vieille, **BOSSUE,** jaune et maigre, avec de grands yeux rouges et un nez crochu, prenait le jour l'apparence d'une **CHOUETTE** ou d'un chat. Elle habitait dans un château au milieu d'une forêt vaste et épaisse.

Elle avait bien des pouvoirs, comme celui de figer jusqu'au matin tout imprudent qui se serait trop approché de chez elle ou de transformer les jeunes filles en oiseaux, qu'elle mettait ensuite en cage. Elle en avait bien sept mille, quand deux **AMOUREUX,** Jorinde et Joringel, s'aventurèrent si près de sa demeure que la douce Jorinde fut métamorphosée en rossignol avant d'être emportée par l'affreuse sorcière, tandis que Joringel fut pétrifié.

Une fois délivré de ce sortilège, à la lune levée, il n'eut de cesse de délivrer sa douce amie. Mais comment faire ? Il cherchait, en vain, quand un jour il vit en rêve une fleur rouge sang abritant une magnifique perle capable de libérer du mauvais **SORT** tous ceux qu'elle toucherait.

Joringel se mit alors en quête de la **FLEUR ROUGE.** Au neuvième jour, il la trouva, une grosse goutte de rosée formait la plus belle des perles. Grâce à elle, il put pénétrer dans le château et délivrer la belle Jorinde ainsi que tous les autres oiseaux, qui retrouvèrent enfin leur aspect de jeunes filles !

Les Fées

Deux **SŒURS** étaient très différentes : l'aînée était méchante et laide, comme sa mère, et, la cadette, douce et belle, comme son père. La mère aimait celle qui lui ressemblait, et la cadette devait assumer toutes les **CORVÉES,** comme aller puiser de l'eau à la fontaine.

Un jour, quand une femme en guenilles lui demanda à boire, elle lui donna si gentiment de l'eau que la vieille, qui était une fée, lui accorda un don : à chaque fois qu'elle ouvrirait la bouche pour parler, des fleurs et des pierres précieuses en sortiraient.

Quand elle raconta à sa mère son aventure, roses, perles et **DIAMANTS** se déversèrent de ses lèvres. La mère envoya l'aînée chercher de l'eau à son tour, mais celle-ci refusa de passer son flacon à une princesse qui la priait de lui donner un peu d'eau. Pour la punir de sa méchanceté, elle lui jeta un sort : à chaque fois qu'elle prononcerait une parole, un serpent ou un **CRAPAUD** s'échapperait de ses lèvres.

Lorsque la mère vit ce qui était arrivé à sa chère fille, elle voulut se venger sur la cadette, qui dut s'enfuir dans la forêt. Le fils du roi, qui passait par là, la voyant pleurer, la questionna, et il constata le **PRODIGE** quand elle lui répondit. Il tomba amoureux d'elle et l'épousa. Quant à l'aînée, chassée par sa mère, elle se réfugia dans la forêt, seule et abandonnée de tous.

Madame la Neige

Une veuve avait deux filles : la première, belle et **COURAGEUSE ;** la seconde, laide et paresseuse. La première passait ses journées à tout faire dans la maison et à filer près d'une source. Elle se piquait souvent avec son fuseau et le tachait, et, un jour qu'elle voulut le nettoyer, elle le lâcha dans **L'EAU.**

Elle plongea pour le récupérer et elle s'évanouit. Une fois revenue à elle, elle se mit en route et tomba alors sur des pains qui demandaient qu'on les sorte du four et des pommes qui réclamaient qu'on secoue l'arbre pour qu'elles tombent. Courageuse, elle satisfit à leurs désirs.

Elle arriva chez une vieille femme, qui la prit à son service et lui recommanda de bien battre son lit ; à chaque fois qu'il en tombait des **PLUMES,** il neigeait sur le monde. La vie était facile, chez Madame la Neige ! Pourtant, la jeune fille était nostalgique de sa maison. Pleine de compréhension, Madame la Neige accepta de la raccompagner jusque chez elle, et, lorsque la jeune fille franchit le seuil, elle fut recouverte d'**OR.**

Jalouse et fascinée, sa sœur décida de vivre la même aventure ; mais elle n'aida ni les pains ni les pommes, et se mit bien vite à paresser chez Madame la Neige, si bien que celle-ci la ramena chez elle, où elle fut accueillie par… une bassine de **POIX,** qui se renversa sur elle, dont jamais la paresseuse ne put se défaire…

Le Pauvre Meunier et la petite Chatte

Un vieux meunier décida d'offrir son **MOULIN** à celui de ses trois apprentis qui lui présenterait le meilleur **CHEVAL.** Deux d'entre eux considéraient le troisième, un simple valet prénommé Jeannot, comme un demeuré, et ils l'abandonnèrent, pour partir de leur côté. Jeannot se mit seul en route dans la **FORÊT** et rencontra une petite chatte qui savait ce qu'il cherchait : « Sois sept années mon fidèle serviteur, et tu auras le plus beau cheval qui ait jamais existé. » Ce qu'il fit.

Au bout des sept années, la chatte tint sa promesse : « Rentre chez toi. Dans trois jours, je t'apporterai ton cheval. » Lorsque Jeannot arriva au moulin, les deux apprentis étaient déjà rentrés : l'un avec un cheval **AVEUGLE,** l'autre avec un vieux canasson paralytique.

Ils se moquèrent de lui quand il leur affirma que son cheval arriverait trois jours plus tard. Et, pourtant, bientôt surgit un superbe carrosse tiré par six chevaux, suivi par un laquais qui en conduisait un septième, destiné au meunier. Personne n'en croyait ses yeux.

Et encore moins lorsqu'une jolie **PRINCESSE** sortit du carrosse : c'était elle que le pauvre Jeannot avait servi sept années durant ! Ils laissèrent au meunier son moulin, se marièrent et coulèrent des jours heureux.

L'Apothicaire de l'île Saint-Louis

Aussi **AVARE** et sans cœur que doué pour concocter des médecines efficaces, l'apothicaire Anselme bénéficiait d'une formidable réputation.

Bien qu'il n'eût jamais soigné que les **RICHES,** il accepta de s'occuper de la grand-mère de la pauvre Marinette, jolie comme un cœur, à condition qu'elle devienne sa servante. Marinette n'avait rien à perdre, et elle récura la boutique d'Anselme, qui lui demanda de l'épouser. Pour la convaincre – car il aurait pu être son grand-père –, il lui promit de lui confier la **CLÉ** de la cave, où il descendait seul plusieurs fois par jour, à condition qu'elle n'utilise cette clé qu'après leur mariage.

Mais elle ne put attendre, et, quand elle ouvrit la porte, elle découvrit sept **LUTINS** enfermés là depuis cinquante ans, qui avaient la charge de préparer décoctions et remèdes contre quelques grains de blé rance et beaucoup de coups de bâton.

Elle libéra les lutins, lorsque Anselme, ayant découvert qu'elle lui avait désobéi, fondit sur elle. N'écoutant que leur **COURAGE,** les lutins bondirent sur l'apothicaire et le rendirent sourd, impotent et aveugle. Marinette l'épousa, puis l'enferma dans la cave, et elle devint l'apothicaire la plus aimée de tout Paris car elle soignait aussi les pauvres !

Germe-Tout et Mélancolie

Il était une fois un **ELFE** ailé du nom de Germe-Tout : il avait été chargé par le Grand Ordonnateur des choses de veiller à l'entretien de la **NATURE.** Toujours affairé, il ne cessait de veiller sur les fleurs et les plantes, de les choyer et de les embellir.

Un jour qu'il s'occupait des nénuphars d'un étang, il entendit une petite voix : c'était Mélancolie, la fée des ondes, qui se lamentait sur son sort, emprisonnée qu'elle était dans son **ÉTANG,** alors que lui était libre de courir de-ci de-là, d'explorer chaque jour de nouvelles contrées…

Pris de pitié, il accepta d'échanger son destin contre le sien. **CATASTROPHE !** Débordée, Mélancolie, fille de l'Eau et du Brouillard, appela ses parents à la rescousse, et la pluie incessante fit pourrir les fleurs et les récoltes, tandis que Germe-Tout, désespéré dans son étang, ne cessait de pleurer, provoquant de son côté inondations et crues. Pour les punir, le Grand Ordonnateur condamna Germe-Tout et Mélancolie à redevenir des **HUMAINS** et à découvrir le froid, la chaleur, le labeur…

Un jour qu'il travaillait aux champs, Germe-Tout salua une jeune fille qui revenait du lavoir et dont les longs cheveux étaient constellés de gouttes d'eau… C'était Mélancolie ! Ils tombèrent alors dans les bras l'un de l'autre et vécurent **HEUREUX** jusqu'à la fin de leurs jours.

Histoire de l'homme qui trouva un lutin dans son champ

Un **PAYSAN** qui avait trouvé un lutin dans son champ tenta de l'en faire déguerpir, mais comme le lutin argumentait que ce champ était le territoire de ses **ANCÊTRES,** le paysan accepta de le laisser y vivre, d'autant que le lutin proposait de l'aider à le cultiver. Il embaucha alors le lutin et ses amis, qui, tâche après tâche, étaient de plus en plus nombreux et qui, tout en riant, en dansant et en faisant des **FARCES,** copiaient les moindres gestes des hommes. C'est ainsi qu'ils labourèrent le champ en moins de temps qu'il ne faut pour le dire et qu'ils semèrent le grain...

Quand ils virent le fils du paysan goûter le blé mûr, ils dévorèrent la récolte. Lorsqu'ils virent le paysan corriger son fils, ils prirent sa suite, jusqu'à ce que le fils meure. Quand la mère pleura son fils, les **LUTINS** se mirent à pleurer, et leurs torrents de **LARMES** engloutirent la femme. Alors, le paysan, hébété, s'empressa de creuser une tombe pour les siens, bientôt aidé par les lutins, qui creusèrent un si grand trou qu'il engloutit le fils, la femme, mais aussi le paysan, son champ, sa ferme et les alentours.

Alors, n'ayant de nouveau plus rien à faire, les lutins purent enfin recommencer de rire, de **DANSER** et de faire des farces.

Les Lutins du diable

Fanch était le **TAILLEUR** le plus réputé et le plus habile du comté. Un jour qu'on lui avait commandé une robe de mariée, comme il avait oublié d'emporter sa **BOÎTE** à ouvrage en buis, qu'il gardait toujours fermée à double tour et qu'il n'ouvrait jamais en public, il demanda au frère de la mariée, Corentin, d'aller la lui chercher.

Mais attention : interdiction de l'ouvrir ! Entendant des bruits à l'intérieur, Corentin l'ouvrit, et découvrit une armée de petits **LUTINS** vêtus de casaques rouges et de bonnets pointus qui criaient : « Du travail, maître, donne-nous du **TRAVAIL !** » C'était donc ça, le secret du tailleur ! Pour pouvoir garder la boîte, il tua le pauvre Fanch. Le diable, qui l'avait fabriquée, lui apparut alors : il était d'accord pour la lui céder, à condition que, le jour de sa mort, il aille rejoindre Fanch en enfer. Corentin accepta.

Il devint riche, puis vieux. Et, lorsque le **DIABLE** vint lui réclamer son dû, il imagina un subterfuge et fit fabriquer par ses lutins un mannequin qui lui ressemblait parfaitement. N'y voyant que du feu, le diable emporta le mannequin en enfer, tandis que Corentin montait au **CIEL.** Mais saint Pierre, consultant le grand livre où les actes de chacun sont consignés, vit que Corentin avait assassiné Fanch. Il l'envoya alors immédiatement en enfer !

Tom Pouce

Un pauvre meunier qui avait une **FILLE** ravissante vanta ses mérites auprès du roi : elle était capable, disait-il, de transformer en **OR** la paille qu'elle filait. Appâté, le roi décida qu'il l'épouserait si elle réussissait à filer et à transformer en or la paille contenue dans trois vastes chambres.

Grâce à l'aide d'un lutin, à qui, en échange, elle offrit d'abord son **COLLIER,** puis sa bague, et, enfin, promit son premier enfant, la fille du meunier releva le défi et devint reine. Elle avait oublié tout cela lorsque, un an plus tard, elle mit au monde son premier **ENFANT** et que le lutin vint le réclamer. Pleurant et gémissant, elle conclut un marché avec lui : si, avant trois jours, elle découvrait comment il s'appelait, elle serait déliée de sa promesse.

Elle chargea alors un envoyé de parcourir tout le pays pour qu'il trouve le nom du **LUTIN ;** le troisième jour, il rencontra un drôle de petit homme qui sautillait en criant : « Ah ! quel bonheur que personne encore ne sache que Tom Pouce est mon nom ! » Alors, quand la reine demanda au lutin s'il s'appelait bien Tom Pouce, il se mit dans une telle **COLÈRE** que, en frappant le sol du pied droit, il s'y enfonça jusqu'au ventre et que, en tirant son pied gauche, il se déchira le corps par le milieu. La reine garda son enfant, et Tom Pouce disparut à tout jamais.

Comment Reno, le farfadet, rencontra, délivra et aima un cochon

La vie était devenue impossible pour les **LUTINS,** les sylphes et tous les **ANIMAUX** de la forêt de Grésigne depuis que Montmiral et Castelnau, les deux bastides rivales, se faisaient la guerre. L'armée de Castelnau entreprit le siège de Montmiral.

Au bout de quelques semaines, le moral des assiégés était au plus bas, quand la **SORCIÈRE** Tara proposa au roi un stratagème : pour faire croire aux assaillants, eux aussi à bout de forces et de ressources, qu'il leur restait encore de quoi manger, elle transformerait tour à tour chaque habitant en **COCHON,** avec le risque, hélas, que celui-ci ne soit dévoré… par ses parents ou amis affamés.

La reine accepta alors que sa minuscule petite fée Plutt-Plutt soit transformée en un cochon bien gras qui arpentait les remparts, ce qui effondra le moral des assaillants. Et les Montmiralais, qui mouraient en réalité de faim, se mirent à pourchasser Plutt-Plutt pour la **MANGER…**

Entendant ses cris, le gentil farfadet Reno rappliqua, et, pour sauver Plutt-Plutt, transforma tous les Montmiralais en cochons. À leur vue, les assaillants plièrent bagage sur-le-champ, tandis que Reno, fondant d'amour pour la gracieuse Plutt-Plutt, redonnait à chacun son aspect originel.

Le Farfadet gourmand

Une reine très **GOURMANDE,** qui n'était encore qu'une petite fille, était mariée à un vieux roi. Reno, un farfadet, gourmand, lui aussi, adorait le lait d'agnelle parfumé à l'anis. Or, c'était le plat préféré de la petite reine. Un soir, n'y tenant plus, il plongea dans son assiette pour en avaler une lampée. Furieuse, la reine le chassa.

Pour se venger, Reno lui jeta un **SORT :** à chaque cuillerée de **BOUILLIE,** elle grossirait. Fâché de l'embonpoint de sa petite reine, le roi accusa celle qui préparait la bouillie, la nourrice, qui elle-même accusa la fermière, qui elle-même accusa la **BERGÈRE.** Toutes furent jetées en prison, et le bourreau affûtait déjà sa lame, quand le père de la bergère se présenta : il guérirait la reine si l'on accordait la vie sauve à sa fille.

Il fit préparer une grande assiettée de bouillie dans laquelle il versa une bonne rasade d'alcool de rose et attendit. Au dernier coup de minuit apparut Reno, qui lapa l'assiette goulûment, jusqu'à ce que les effets de l'alcool le terrassent subitement. Au réveil, il était emprisonné dans une **CAGE ;** le berger lui dit qu'il le libérerait s'il « dégonflait » la petite reine.

Après avoir obtenu que la nourrice lui préparerait autant de lait d'agnelle à l'anis qu'il le voudrait, Reno rendit à la petite reine sa sveltesse, et le berger épousa la nourrice.

Le Bal des nains fous

John le **FORGERON** était aussi travailleur et pauvre qu'il était bon, et il ne cessait d'aider plus misérable que lui. C'est ainsi qu'un jour, avec sa femme, il recueillit une vieille qui errait dans la **FORÊT** et qui dévora en quelques heures toutes leurs provisions. Soudain, la pauvresse se métamorphosa en une femme magnifique, qui se révéla être la reine des nains fous.

Pour remercier ses hôtes, elle invita John à se rendre jusqu'à une **CAVERNE :** au crépuscule, il lui suffirait de prononcer une formule magique pour que la grosse pierre qui en fermait l'entrée s'écarte. Là, à condition d'en ressortir avant que le **SOLEIL** ne se lève, il pourrait emporter toutes les richesses qu'il voudrait.

Mais gare à lui s'il dépassait l'heure limite ! John remplissait un immense sac d'or et de pierres précieuses, quand il fut distrait par des couples de nains, qui se mirent à danser sur une musique entraînante. L'heure avançait, et, quand John sortit de la grotte, le soleil était déjà levé, et ses sacs ne contenaient plus que du sable ! Mary et John ne seraient jamais **RICHES...**

Se souvenant de leur bonté, la vieille leur offrit un plat d'argent capable de se remplir de tous les mets qu'ils souhaitaient. Comme ils étaient généreux, ils régalèrent tous les miséreux des environs et vécurent heureux.

Le Gnome mangeur d'yeux

Tidrill avait pris la route pour découvrir du pays, quand il entendit des **CRIS** perçants : un cruel garçon était en train de clouer une chouette vivante. Il se précipita sur lui et libéra la **CHOUETTE,** qui, pleine de reconnaissance, lui promit de lui venir en aide en cas de besoin.

Tidrill arriva bientôt dans une étrange ville, où, la nuit, un horrible **GNOME** du nom de Porvardur se glissait sous les paupières des habitants endormis et leur dévorait les yeux. Voulant les libérer de Porvardur, Tidrill décida de ne dormir que d'un œil : mais, le lendemain matin, il était borgne. Il décida alors d'appeler à l'aide son amie la chouette : elle qui voyait la **NUIT** n'aurait aucun mal à surprendre Porvardur.

De fait, lorsque ce dernier vint pour dévorer le second œil de Tidrill, la chouette se jeta sur lui et le secoua tellement qu'il vomit tous les **YEUX** qu'il avait avalés... Chacun, alors, retrouva ses mirettes... mais non sans quelques erreurs : un œil marron contre un œil bleu, un œil de femme contre un œil d'homme.

Malgré tout, pour remercier Tidrill, on l'élut **ROI** et on lui donna une charmante fiancée... qui louchait atrocement : dans la précipitation, elle avait remis à droite son œil gauche et vice versa. Ce qui ne les empêcha pas de s'aimer jusqu'à la fin de leurs jours !

La Mort pour parrain

Quand un pauvre homme, déjà **PÈRE** de douze enfants, en eut un treizième, il eut du mal à lui trouver un parrain. Après avoir refusé au bon Dieu et au diable de s'acquitter de cette charge, reprochant au premier d'être injuste avec les pauvres et au second de tromper les hommes, il accepta que la Mort, qui prend les riches comme les pauvres, remplisse ce rôle. L'enfant grandit, et la Mort proposa à son filleul de devenir un **MÉDECIN** célèbre : « Quand tu te rendras auprès d'un malade, si tu me vois à sa tête, tu lui donneras de cette **HERBE,** et il guérira ; mais, si tu me vois à ses pieds, tu me le laisseras. Gare à toi si tu essaies de lui donner de l'herbe pour le guérir contre ma volonté ! » Tout se passa comme la Mort l'avait dit, jusqu'au jour où, rendu au chevet du **ROI,** le médecin vit la Mort près de ses pieds, mais eut pitié de l'homme et le guérit. Après s'être fâchée, la Mort lui pardonna, mais le prévint qu'elle n'accepterait aucune autre entorse. Pourtant, quand la fille unique du roi, belle comme le jour, tomba gravement malade et qu'on l'appela, il ne put résister et la soigna, car celui qui la sauverait la recevrait comme épouse et hériterait de la **COURONNE...** Le médecin soigna donc la princesse, mais la Mort, cette fois, exécuta sa sentence, et il trépassa.

La Licorne solitaire

Mystérieuse et solitaire, la **LICORNE,** avec sa belle corne torsadée, vivait cachée dans la forêt, à l'écart de l'étang où, malgré la sécheresse qui frappait la région, les animaux continuaient de venir se désaltérer quotidiennement.

Mais, un jour, par pure méchanceté, un perfide **SERPENT** vint y cracher des jets de venin, qui polluèrent l'eau. Ayant senti l'odeur du **POISON,** les animaux, qui s'étaient amassés au fil de la journée pour venir boire et y avaient renoncé, gémissaient et hurlaient à l'idée de mourir de soif. Leurs cris retentissaient si fort dans la **FORÊT** que la licorne, quittant sa retraite, s'élança, plus rapide que l'éclair, à proximité de l'étang : tout autour, des animaux désespérés, à bout de forces, et qui, jusqu'alors, ne s'étaient jamais côtoyés, se lamentaient.

Elle plongea sa longue **CORNE** magique dans l'eau de l'étang et, par ce geste, la purifia. Alors, sans se bousculer, dans le plus grand calme, les animaux vinrent boire tour à tour, puis remercièrent en chœur la licorne qui les avait sauvés. Mais la belle solitaire avait déjà disparu…

La Sirène et Lutey, le petit pêcheur

Il était une fois Lutey, un **PÊCHEUR,** sa femme, ses trois fils et son chien tout fou, Towser. Un jour que le père se promenait, il entendit des cris venant de derrière les rochers ; il s'approcha et découvrit une **SIRÈNE.** Il savait qu'il ne fallait jamais regarder les sirènes, mais celle-là était si belle qu'il ne pouvait en détacher son regard.

Échouée dans une petite mare, elle le priait de la porter jusqu'à la mer, en échange de trois **POUVOIRS** qu'elle lui donnerait : celui de guérir, celui d'empêcher les hommes de se quereller, et l'assurance que ces dons se transmettraient de génération en génération. L'offre était alléchante et Lutey s'exécuta. Mais, sa part du marché accomplie, il eût disparu dans les flots s'il n'avait menacé la sirène avec le **COUTEAU** qu'il gardait toujours dans sa poche.

Forcée de le relâcher, la sirène lui promit de revenir neuf ans plus tard. Au terme de cette période, pendant laquelle Lutey se révéla un formidable médecin et un homme de paix, elle réapparut dans le creux d'une gigantesque **VAGUE** et emporta Lutey avec elle. Jusqu'à aujourd'hui, les descendants de Lutey ont hérité des dons accordés à leur ancêtre par la sirène, au prix du sacrifice de l'un d'entre eux tous les neuf ans.

Pégase et la Chimère

Aux temps anciens des Grecs, le roi de Lycie promit sa ravissante fille à celui qui serait capable de débarrasser son **ROYAUME** de la Chimère, horrible monstre qui dévastait tout : pourvue d'une tête et d'un poitrail de lion, elle avait le ventre d'une chèvre, un dragon en guise de queue, et elle crachait des flammes. Amoureux de la fille du roi, Bellérophon décida de tuer la **CHIMÈRE** avec l'aide de Pégase, un superbe **CHEVAL** capable de voler, qu'il capturerait au moyen d'une bride en or que lui avait offerte la déesse Athéna.

Il dompta Pégase, et ils caracolaient dans les airs quand ils trouvèrent la Chimère. Bellérophon banda son arc, tira deux flèches ; la seconde fut fatale, elle toucha le **MONSTRE** au cœur. Comme il l'avait promis, le roi donna sa fille à Bellérophon, qui aurait dû s'en réjouir. Mais l'orgueil de Bellérophon devenait tel que les **DIEUX** décidèrent de le punir : Zeus envoya un insecte qui piqua si fort Pégase qu'il désarçonna Bellérophon.

En s'écrasant sur le sol, il trouva la mort. Quant à Pégase, il devint la monture personnelle de Zeus, chargé de porter le **TONNERRE** et les éclairs. Quand le tonnerre gronde, regarde le ciel : peut-être y verras-tu le beau Pégase

Le Mariage de Reno

Parce qu'elle s'ennuyait à en mourir, la **LUNE** décida de se marier. Elle jeta son dévolu sur le farfadet Reno, qui avait coutume de dormir dans ses rayons, au creux de la forêt de Grésigne. Mais Reno, lui, était éperdu d'amour pour la petite fée Plutt-Plutt.

La lune souhaitait aller la nuit même faire célébrer son mariage avec Reno par **L'ERMITE** de Montoulieu, alors, elle cousut les lèvres de Reno avec l'un de ses cheveux et enferma le farfadet dans un filet fait de ses rayons. Prévenue par le grand-duc, qui avait vu la manœuvre, Plutt-Plutt se précipita chez l'ermite, le transforma en **GRENOUILLE** et prit sa place après avoir revêtu sa toge. Surprise à la vue de l'ermite, qu'elle trouvait bien petit, mais pressée que l'affaire fût réglée, la Lune voulait qu'on en finisse au plus vite.

La fée eut alors l'idée d'introduire un nouveau rite dans la cérémonie : elle devait embrasser les futurs mariés. Elle réussit ainsi, avec ses petites dents affûtées, à sectionner le **CHEVEU** qui scellait les lèvres de Reno. Alors, Reno déclara qu'il refusait ce mariage et souhaitait faire consacrer son union avec Plutt-Plutt par la grenouille redevenue ermite.

De dépit, la Lune se voila la face pour toujours, et c'est pourquoi personne n'ose plus s'aventurer dans la **FORÊT** de Grésigne, tant la nuit y est noire.

Le Minotaure

Mi-homme, mi-taureau, le Minotaure avait été enfermé dans le **LABYRINTHE** par Minos, le roi de Crète, qui exigeait que, à chaque printemps, sept garçons et sept filles d'Athènes soient choisis par tirage au sort pour être jetés en pâture au **MONSTRE.** Mais, un jour, Thésée, le fils unique du vieil Égée, le roi d'Athènes, décida de partir pour la Crète et de tuer le Minotaure.

S'il réussissait, il remplacerait la voile noire de son embarcation par une voile blanche. Séduite par le **COURAGE** de Thésée, l'une des filles de Minos, Ariane, décida de l'aider en lui donnant une épée et la pelote de fil **MAGIQUE** offert par Dédale, le concepteur du Labyrinthe. Elle devait se dérouler et montrer le chemin. Thésée la suivit.

Après de multiples tours et détours, elle s'immobilisa : l'Athénien était arrivé au cœur du Labyrinthe, où se trouvait le Minotaure. Et, quand il lui planta l'épée dans le cou, le monstre s'effondra. Thésée n'eut plus qu'à suivre le fil pour trouver le chemin de la sortie… et Ariane. Avant que Minos ne réalise ce qu'ils avaient fait, ils s'enfuirent. Mais une **TEMPÊTE** obligea Thésée à débarquer Ariane sur une île. Bouleversé, il en oublia de hisser la voile blanche, et le vieil Égée, croyant son fils mort, se précipita dans la mer.

Le Serpent de mer et Petit Jacques

Chaque matin, Stoorworm, le maître des **SERPENTS** de mer, bâillait six fois, puis sortait sa longue langue fourchue pour engouffrer, en guise de petit déjeuner, une demi-douzaine de **VACHES,** une maisonnée ou une barque et ses pêcheurs. Il faisait régner la terreur, et, quand le roi promit de récompenser celui qui les en délivrerait par le don de son épée Finelame, de son royaume et de son unique **FILLE** chérie, Gémalafolie, trente-six combattants essayèrent, en vain.

Alors, il se résigna, bien que très vieux, à faire préparer un bateau : le lendemain, il affronterait lui-même le serpent. Mais c'était sans compter sur Petit Jacques, qui monta à bord du **BATEAU** qui attendait et, muni d'un tison brûlant, pénétra dans la gueule du monstre lorsqu'il commença sa série de bâillements, puis gagna son foie, où il enfonça le tison, sur lequel il souffla jusqu'à ce qu'il prenne **FEU.**

Sous l'effet de la brûlure, le serpent se tortilla dans tous les sens, et il vomit tout ce que contenait son **ESTOMAC,** y compris le bateau. Quelle ne fut pas la stupéfaction du roi, lorsqu'il vit resurgir Petit Jacques, tandis que le monstre crachait de la fumée en expirant. Petit Jacques reçut Gémalafolie, Finelame et le royaume. Oui, Petit Jacques était un vrai héros !

Le Rocher du diable

Décidément, les habitants de Tagliatelli n'étaient pas raisonnables : ils étaient riches, en bonne **SANTÉ,** et, pourtant, par avarice et méchanceté, ils ne cessaient de se quereller, dans un **BROUHAHA** continu, à tel point que, n'en pouvant plus, le diable décida de faire disparaître le village. Il arracha un énorme rocher de la montagne, qu'il s'apprêtait à lancer quand l'ermite qui veillait le détourna de son projet en l'invitant à se rafraîchir. Le **DIABLE** lâcha alors le rocher, qui s'enfonça si profondément dans le sol que la montagne tout entière trembla. Lorsqu'il voulut repartir, il eut beau se transformer en taureau puissant, en **LION** furieux, en chien, en aigle, en pigeon, en papillon, user de la fureur ou de la séduction, il ne parvint pas à soulever son projectile.

Rageur, il retourna dans sa **MONTAGNE,** non sans jeter un coup d'œil furieux à l'ermite, qui l'avait bien dupé ! Le lendemain matin, quand les **VILLAGEOIS** virent le rocher menaçant au-dessus de leurs têtes, ils durent entendre les explications de l'ermite, qui leur raconta ce à quoi ils avaient échappé de justesse. Quelques-uns montèrent pour vérifier ses dires, et, quand ils virent la trace des coups qu'avait portés le diable, ils ne purent que croire le récit de l'ermite. De ce jour, le village retrouva sa tranquillité.

L'Oiseau Tonnerre aux serres vertes

Oiseau Tonnerre, qui pouvait déclencher la **FOUDRE** d'un simple battement d'ailes ou clignement d'œil, enlevait des jeunes filles, qu'il attrapait avec ses grandes serres vertes. Malgré les mises en garde de ses amis, de sa famille et des **ANIMAUX,** Longue Flèche alla chercher Fleur Rouge, son épouse bien-aimée, qu'Oiseau Tonnerre avait emportée dans ses montagnes.

Après des jours de marche, il rencontra Corbeau, qui lui offrit deux armes capables de le rendre plus fort qu'Oiseau Tonnerre : une grande **PLUME** noire, qu'il devrait pointer sur lui, et une flèche, à planter dans son tipi de pierre. Longue Flèche fit comme Corbeau avait dit, et Oiseau Tonnerre fut contraint de libérer Fleur Rouge. Avant de repartir, Longue Flèche pria Oiseau Tonnerre de continuer à venir chez les hommes pour leur apporter l'**EAU** indispensable à la vie, mais de renoncer à les blesser avec ses éclairs et à enlever leurs femmes.

Oiseau Tonnerre se laissa convaincre. Pour sceller le pacte, il offrit une pipe en bois sculpté à Longue Flèche : quand les hommes la fumeraient, Oiseau Tonnerre se souviendrait de ses promesses. Depuis lors, à chaque **PRINTEMPS,** les hommes se passent la pipe de main en main. Et, quand la fumée monte vers le ciel, Oiseau Tonnerre se souvient.

Le Serpent à plumes

Lorsqu'il eut achevé de créer le **MONDE,** le dieu Miroir fumant contempla son œuvre. Tout était beau, mais il manquait la musique. Il appela alors le dieu des Vents, **QUETZALCÓATL,** qui, tout en ronchonnant, car il s'était endormi dans les vagues, arriva à grand renfort de brise et de rafales de vent.

Qu'étaient les arbres, les vagues, les oiseaux, les hommes, les femmes, les enfants, sans **MUSIQUE !** Seul Quetzalcóatl pouvait convaincre le Soleil de lui confier des musiciens, et il prit son essor pour gagner la maison du Soleil où vivaient musiciens et chanteurs. Le Soleil avait compris ce qui amenait Quetzalcóatl, et il leur ordonna de cesser de chanter et de ne pas répondre à ses discours implorants. D'ailleurs, affirmait-il, la Terre était l'endroit le plus triste et le plus sombre qui soit.

Alors Quetzalcóatl se fâcha : il se recroquevilla, puis se déroula brusquement, cracha et souffla tonnerre, **ÉCLAIRS** et nuages noirs, tant et si bien que certains musiciens et chanteurs tombèrent dans ses **PLUMES.** Il s'enroula tout doucement autour d'eux et s'envola vers la Terre : elle n'avait rien de lugubre, et même le **SOLEIL** l'illuminait et la chauffait ! Petits et grands commencèrent à chanter, et la mer, et les oiseaux, et les feuilles, et le seigneur des Vents apprirent leurs chants...

L'Esprit dans la bouteille

Le fils d'un pauvre **BÛCHERON** travaillait dur avec son père dans la forêt pour pouvoir payer ses études quand il entendit une petite voix : une grenouille enfermée dans une **BOUTEILLE** réclamait sa liberté.

Ému et confiant, le jeune garçon la libéra, mais elle se transforma bientôt en un horrible **GÉANT** qui menaçait de le tuer. Malin, l'enfant rétorqua : « Comment pourrais-je croire que tu es le véritable esprit contenu dans la bouteille ? » Vaniteux et un peu sot, l'esprit retourna dans la bouteille, que le garçon se hâta de reboucher... Piégé, l'esprit convainquit le garçon de le libérer de nouveau en échange d'une riche **RÉCOMPENSE.**

Cette fois, il tint sa promesse et lui donna un chiffon magique qui guérissait les blessures et transformait l'acier ou le fer en argent. Et, lorsque le garçon frotta la hache que lui avait prêtée l'un de ses voisins, elle se transforma en argent, mais, aussitôt, elle devint **MOLLE** et se déforma. Le père s'inquiétait : comment rembourseraient-ils le voisin ? L'enfant, lui, savait ce qu'il fallait faire : il porta la hache chez un bijoutier, qui lui donna plus de **PIÈCES** qu'il n'en fallait pour racheter une hache.

Le père ne manqua plus jamais de rien, et le fils, avec son chiffon capable de guérir toutes les blessures, devint le médecin le plus célèbre du monde.

Le Rocher de la Lorelei

Dans une boucle du Rhin, une belle **NYMPHE** vivait sur son rocher ; mais sa cruauté était à la hauteur de son chant, et, à chaque fois que des bateliers se laissaient piéger par le joli son de sa **VOIX,** ils périssaient, leurs embarcations fracassées sur son rocher.

Voulant mettre un terme à ces naufrages, le prince Ronald décida d'aller chercher la nymphe et de l'épouser. Il paya généreusement un batelier pour le conduire à proximité du **ROCHER,** mais le batelier était si terrorisé qu'il ramait lentement, beaucoup trop lentement, même, pour l'impatient Ronald. À peine le jeune homme impétueux eut-il plongé qu'il fut englouti par les flots déchaînés et se noya, tandis que la nymphe-sorcière laissait s'échapper une cascade de **RIRES** moqueurs.

Terrassé par la terrible nouvelle, le père de Ronald décida d'en finir et envoya ses quatre plus vaillants soldats. Lorsque, une **NUIT,** ils s'approchèrent du rocher et menacèrent la Lorelei, elle ôta les pierres précieuses de son collier et les jeta dans le Rhin : alors, le fleuve, qui n'était autre que son père et qui voulait la sauver, fit jaillir des eaux deux immenses **CHEVAUX** blancs, qui emportèrent sa fille. Son rocher, désormais désert, rappelle aux bateliers qui passent par là son odieux souvenir.

Les Lutins des îles

Au pays de Galles, certains Gallois ont un don de double vue qui leur permet de voir les **LUTINS.** Griffith, le marchand de blé, en était doté, et, sur le marché de Milford Haven, il les regardait faire leurs achats : les lutins mettaient l'argent à côté de ce qu'ils voulaient acquérir, et, si le **MARCHAND** trouvait le montant raisonnable, l'affaire était conclue ; si le vendeur ne touchait pas à l'argent, le lutin devait ajouter quelques pièces ou reprendre celles qu'il avait posées et s'en aller.

Mais, si certains pouvaient voir les lutins, personne ne savait où ils résidaient. Un jour qu'il se promenait dans le cimetière, Griffith s'arrêta net : il n'avait jamais remarqué l'**ARCHIPEL** au large, et qu'on ne voyait pas depuis la plage. Il comprit que ces îles n'étaient visibles que si l'on se trouvait sur une terre sacrée. Il découpa alors le morceau de **TERRE** sur lequel il se tenait et embarqua sur son bateau, les pieds vissés à son bout de tourbe.

Quand il accosta les îles, les lutins l'accueillirent en riant : c'était là qu'ils vivaient, à l'écart des **HUMAINS,** qui, pour eux, étaient des géants ! Après avoir longuement bavardé avec les lutins, Griffith regagna la terre ferme. Mais jamais plus il ne put contempler les îles : les lutins avaient exigé qu'il leur laisse le morceau de terre sacrée...

La Fontaine de l'Oubli

Une fée des eaux, qui habitait une **FONTAINE,** vouait une haine féroce aux humains depuis qu'un chasseur, après l'avoir séduite, était retourné dans sa vallée, les abandonnant, elle et son fils. Le temps avait passé, l'enfant était devenu un superbe jeune homme. Un jour, il aperçut, au bord de sa fontaine, une ravissante **PRINCESSE,** dont il tomba amoureux. Mais elle était aussi belle qu'orgueilleuse, et elle le mit au double défi, pour éprouver ses sentiments, d'élever un pavillon d'or, d'argent, de **PERLES** et de diamants, et de l'entourer d'un parc décoré de statues et planté d'orangers.

Quand la fée, qui connaissait bien les humains, fut revenue, elle tenta de le raisonner, mais il ne pouvait écarter la belle de ses pensées ; et elle finit par aider son fils à exécuter les deux **VŒUX** de la princesse capricieuse. Mais, à peine celle-ci commença-t-elle à formuler une troisième exigence que la fée entra dans une colère si noire qu'elle provoqua un **ORAGE** qui engloutit d'un coup pavillon et parc.

Elle accusa la princesse, et les humains en général, de répandre par orgueil la souffrance dans le monde et la condamna à errer pour l'éternité dans la **FORÊT** sans pouvoir se souvenir de son nom ni de son passé. C'est pourquoi la fontaine s'appelle depuis lors « la fontaine de l'Oubli ».

Géant-de-Feu, Nuage-Blanc et Neige

Esseulé dans les **ENTRAILLES** de la Terre, Géant-de-Feu terrorisait les humains à chaque fois qu'il la secouait, crachant une lave qui brûlait tout. Il se mit en quête d'une femme, mais toutes, effrayées, repoussaient ses avances. Il choisit alors Nuage-Blanc, une jolie **FILLE** vivant dans le ciel, qu'il emmena de force dans les profondeurs de la Terre : elle était amoureuse de **SOLEIL.**

Quelque temps plus tard, Nuage-Blanc donna naissance à une ravissante petite fille, Neige, que Géant-de-Feu adorait et qu'il gardait enfermée. Un soir que Nuage-Blanc se promenait sur les bords du **VOLCAN,** Vent l'entraîna dans une folle randonnée, malgré ses protestations : Géant-de-Feu n'aimait pas la voir le fréquenter, et il risquait de se mettre en colère.

Son inquiétude était légitime, car Géant-de-Feu, furieux, se fendit, et Neige en profita pour sortir. Ému de reconnaître Nuage-Blanc en Neige, Soleil l'emporta dans ses bras brûlants : alors, Neige fondit en **PLUIE,** et, dans les rayons de Soleil, devint un si bel arc-en-ciel que Soleil cessa de trop briller ; Nuage-Blanc, de pleurer ; Vent, de souffler, et Géant-de-Feu, de tonner, tous émerveillés devant un si beau spectacle. Neige avait enfin réussi à les réconcilier !

La Tombe

Un jour qu'il était assis à contempler ses **RICHESSES,** un paysan fut pris de terreur lorsqu'il entendit une voix lui faire le bilan de sa vie : il avait été âpre au gain et n'avait jamais fait preuve de **GÉNÉROSITÉ** envers les nécessiteux. C'est alors qu'un pauvre homme frappa à sa porte et le supplia de lui donner quatre mesures de blé pour nourrir ses enfants. « Je ne te donnerai pas quatre mesures de blé mais huit, à une condition : que tu veilles durant trois nuits auprès de ma tombe quand je serai mort. »

Le marché fut conclu, et, trois jours plus tard, quand le riche mourut subitement, le pauvre se rendit au cimetière pour honorer sa **PROMESSE.** À minuit, le diable parut : il proposa au pauvre une bourse pleine d'or en échange de l'âme du riche. « D'accord, dit le pauvre, si vous emplissez d'or une de mes **BOTTES.** » Mais il avait plus d'un tour dans son sac, et il posa sa botte, dont il avait découpé la semelle, au-dessus d'une fosse : ainsi, le diable avait beau rapporter de l'or chaque nuit, il ne parvenait jamais à l'emplir. Le premier rayon du **SOLEIL** finissait par pointer, et la botte paraissait toujours vide...

Furieux et vaincu, le diable s'enfuit : l'âme du riche était sauvée. Après avoir offert la moitié de son butin aux **PAUVRES,** notre héros coula des jours heureux avec les siens.

Les Trois Vagues

Olaf, un pauvre fils de pêcheur, avait une particularité : il lui suffisait de passer la main devant ses yeux pour se rendre **INVISIBLE.** Après la disparition de son père en mer, Olaf avait décidé de devenir marin, et, un soir, il entendit trois **MOUETTES** noires qui criaillaient, du fond de la cale de son bateau. Il passa la main devant ses yeux et descendit pour écouter ce qu'elles racontaient : les volatiles n'étaient autres que d'horribles sorcières qui détestaient les **MARINS** et prévoyaient de faire chavirer l'embarcation en faisant déferler trois immenses vagues que seul un stère de bois de bouleau pourrait apaiser.

Quand ses compagnons revinrent, Olaf leur ordonna, sans aucune explication, de charger trois stères de bois de bouleau. Bien leur en prit, car, une fois en mer, trois vagues successives auraient sans aucun doute englouti le **NAVIRE** si Olaf n'avait jeté à chaque fois un stère de bois dans l'eau.

Lorsque, pour la troisième fois, les flots se furent apaisés, quelques grandes **PLUMES** noires flottaient à la surface – peut-être ce qu'il restait des trois horribles sorcières... Quand l'équipage reprit sa route, l'île qui recueillait tous les **NAUFRAGÉS** dériva vers eux, comme par magie. Olaf retrouva son père et, ensemble, ils continuèrent de parcourir les mers.

La Fuite magique

Il était une fois une jolie **PAYSANNE,** Natacha, que sa marâtre détestait. Celle-ci décida de se débarrasser d'elle et l'envoya chercher du fil et une aiguille chez sa sœur Helen ; mais elle lui indiqua le chemin de la maison de Baba Yaga la **SORCIÈRE.** Avant de partir, Natacha alla saluer sa gentille tante, qui lui confia un ruban, de l'huile, du pain et du jambon, toutes choses qui l'aideraient le moment venu.

Lorsqu'elle vit Natacha, Baba Yaga eut envie d'en faire son dîner. Mais Natacha amadoua la servante, en lui offrant son foulard, puis le chat, en lui donnant le **JAMBON,** qui lui remit une serviette et un peigne magiques. Dans sa fuite, elle se débarrassa des **CHIENS** féroces avec le pain, ouvrit le portail grâce à l'huile et repoussa avec son ruban les branches d'un bouleau qui barrait son chemin.

Furieuse de la disparition de Natacha, Baba Yaga interrogea la servante, le chat, les chiens, le portail et le bouleau… qui lui répondirent que, contrairement à elle, Natacha s'était montrée généreuse. Baba Yaga était sur le point de la rattraper, quand Natacha jeta la serviette et le peigne magiques, et fit ainsi apparaître une **RIVIÈRE** et une épaisse forêt pleine de ronces.

C'en était fini de Baba Yaga ! Quant à la marâtre, le père de Natacha la renvoya pour toujours…

Le Phénix

Émerveillé par la beauté du plumage du **PHÉNIX,** le Soleil lui accorda l'éternité. D'abord heureux, le Phénix ne tarda pas à déchanter, car les autres oiseaux ne cessaient d'essayer de lui voler ses belles **PLUMES.** Il décida de partir loin des hommes, où il vécut, en paix, pendant cinq cents ans.

N'ayant pas été exaucé par le Soleil, à qui il avait demandé de lui redonner sa jeunesse, il revint sur terre, fabriqua un **ŒUF** de myrrhe, s'installa dans un nid au sommet d'un palmier et supplia une dernière fois le Soleil de le faire redevenir jeune. Le Soleil l'entendit enfin, et, quand il pointa ses rayons ardents sur lui, tous les autres animaux s'étant réfugiés à l'ombre, le Phénix se transforma en boule de **FEU,** puis en cendres... dont sortit un tout petit Phénix, qui atteignit en un éclair sa taille adulte.

Il plaça alors à l'intérieur de l'œuf les cendres de l'ancien Phénix, puis, accompagné d'une nuée d'**OISEAUX** de toutes sortes, s'envola en emportant l'œuf vers le temple que les Égyptiens avaient construit dans la cité du Soleil, Héliopolis, où il le déposa. Depuis ce jour, tous les cinq cents ans, le Phénix devenu vieux meurt et renaît sous la forme d'un Phénix jeune et fort dans les mêmes circonstances.

La Princesse Naja et le prince Soleil

Séduit par la princesse Naja, le **PRINCE** Soleil l'épousa, et ils vécurent heureux jusqu'au jour où le prince Soleil dut remonter au ciel afin d'aider son père à illuminer le **MONDE.** Naja était triste, et, quand elle pondit trois œufs rouge et or qu'elle se mit à couver, elle envoya dans le **CIEL** un corbeau blanc pour annoncer au prince Soleil la naissance future de ses trois enfants.

Quand il eut appris la nouvelle, il chargea le corbeau de remettre à Naja, en gage de son amour, un sublime rubis bien emballé. Mais, lorsque le corbeau blanc avisa les miettes d'un festin que faisaient des **MARCHANDS,** il cacha le rubis dans un buisson pour aller se régaler lui aussi. L'un des marchands, qui l'avait vu faire, ouvrit le balluchon et troqua le superbe rubis contre une bouse de **VACHE.** Lorsque Naja ouvrit le petit paquet et vit son contenu, elle entra dans une colère noire, et elle replongea dans le lac avec la ferme intention de ne plus jamais remonter sur terre.

Le prince Soleil était à sa recherche, quand il repéra sur un marché le rubis qu'il avait confié au **CORBEAU :** il comprit alors que ce dernier lui avait désobéi, et, de rage, il noircit tous les corbeaux blancs, pour l'éternité. Voilà pourquoi tous les corbeaux sont noirs.

Le Serpent Arc-en-Ciel et le Grand Sorcier

Depuis des jours et des jours, pas une **GOUTTE** de pluie n'était tombée sur les prairies des Indiens d'Amérique : hommes et animaux se lamentaient tant la soif les tenaillait, lacs et ruisseaux étaient asséchés, et **L'HERBE** n'était plus qu'un paillasson roussi par le soleil.

Quand, soudain, un petit serpent s'adressa au grand **SORCIER :** « Lance-moi aussi haut que tu le peux, et, quand mes écailles se planteront dans le ciel, des glaçons s'en détacheront, puis, en tombant, ils se transformeront en **NEIGE** et en pluie, et vous serez sauvés. » Furieux que le serpent ose lui donner des conseils, le grand sorcier le prit par la queue et le lança de toutes ses forces pour s'en débarrasser.

Alors, le serpent, comme par magie, se déplia et se déroula tellement qu'il s'étira d'un bout à l'autre du **CIEL** en le grattant. Des glaçons se détachèrent de la voûte céleste, et, bientôt, la prairie résonna du doux bruit des gouttes qui emplirent les lacs et les **RUISSEAUX,** verdirent l'herbe et les arbres, et étanchèrent la soif des hommes et des animaux.

Quand, dans le soleil, les écailles du serpent firent comme un arc-en-ciel, les Indiens se mirent à danser et à danser encore pour remercier le serpent Arc-en-Ciel.

Réalisation de l'ouvrage

Texte : Olivia le Gourrierec
Illustrations : Jean-Philippe Gauthier
Création graphique : Marina Delranc
Mise en pages : Richard Bitteur
Suivi éditorial : Audrey Busson
Fabrication : Cédric Delsart et Stéphanie Parlange

Réalisation des CD

Comédiens : Caroline Victoria et Gilles Morvan
Réalisation : Ghislain Soufflet
Direction artistique : Gilles Leroux
Production : Néo-Libertalia